Direction de la publication : **Isabelle Jeuge-Maynart et Ghislaine Stora**
Direction éditoriale : **Delphine Blétry**
Édition : **Coralie Benoit**
Direction artistique : **Emmanuel Chaspoul**
Mise en page : **Les PAOistes**
Couverture : **Véronique Laporte**
Fabrication : **Annie Botrel**

ISBN 978-2-03-587786-4

Les Éditions Larousse utilisent des papiers composés de fibres naturelles, renouvelables, recyclables et fabriquées à partir de bois issus de forêts qui adoptent un système d'aménagement durable. En outre, les Éditions Larousse attendent de leurs fournisseurs de papier qu'ils s'inscrivent dans une démarche de certification environnementale reconnue.

LES MINI LAROUSSE

Burgers & Tartines

Recettes et photographies
de Jean-François Mallet

LAROUSSE

21 rue du Montparnasse 75283 Paris Cedex 06

Sommaire

Simple, économique et bon !

Vous en avez marre du traditionnel jambon-beurre, mais le sandwich c'est si pratique et si économique ! Alors variez un peu !

Un déjeuner sur le pouce ? un croque-madame tomate et basilic ; un apéritif improvisé ? des mini-tartines merguez, abricots secs et roquette ; une soirée décontractée entre amis ? des burgers bœuf au ketchup, triple cheddar ; un plateau-télé ? un hot dog « original »...

Voici 25 recettes faciles à réaliser de sandwichs croustillants à l'extérieur et fondants à l'intérieur pour toutes les occasions. C'est facile et tout le monde adore !

Cheeseburgers mimolette vieille, oignons et coppa

POUR 4 PERSONNES

PRÉPARATION : 35 min • **CUISSON :** 20 min environ

2 petites rougettes • 150 g de mimolette vieille • 700 g de bœuf haché • 2 gros oignons • 10 cl d'huile de friture • 100 g de farine • 4 c. à soupe d'huile d'olive + 3 c. à soupe pour la salade • 4 tranches de coppa • 4 pains à burger aux graines de sésame • 2 c. à soupe de sauce soja • sel et poivre du moulin

1. Préchauffez le four à 180 °C (therm. 6). Lavez, essorez et émincez la salade. Hachez la mimolette et mélangez-la dans un récipient avec la viande hachée. Salez, poivrez et moulez quatre gros steaks.

2. Épluchez les oignons et émincez-les. Farinez les oignons, porter à ébullition l'huile de friture dans une poêle, et faites frire les oignons 2 min. Égouttez-les et gardez-les au chaud.

3. Faites chauffer l'huile d'olive dans une autre poêle et laissez dorer les tranches de coppa 2 min, puis égouttez-les. Saisissez les steaks dans l'huile chaude 3 à 5 min de chaque côté.

4. Coupez les pains en deux et enfournez-les 5 min jusqu'à ce qu'ils soient toastés. Assaisonnez la salade d'huile d'olive et de sauce soja. Sortez les demi-pains du four, recouvrez-les de salade, posez sur chacun un steak, une tranche de coppa et les oignons frits, puis refermez avec la partie supérieure des pains. Tassez légèrement.

Burgers bacon, champignons et œuf

POUR 4 PERSONNES

PRÉPARATION : 15 min • **CUISSON :** 15 min environ

100 g de roquette • 80 g de beurre • 8 tranches de bacon • 8 champignons de Paris • 4 pains muffin • 4 c. à soupe de ketchup • 4 œufs • sel et poivre du moulin

1. Préchauffez le four à 180 °C (therm. 6). Lavez et essorez la roquette. Chauffez la moitié du beurre dans une poêle et faites cuire les tranches de bacon 2 min. Égouttez-les sur du papier absorbant.
2. Saisissez les champignons dans la graisse de cuisson du bacon et laissez cuire 5 min en remuant de temps en temps.
3. Coupez les muffins en deux, badigeonnez les fonds de ketchup, recouvrez-les de 2 tranches de bacon et répartissez les champignons.
4. Enfournez les fonds et les chapeaux des pains 5 min pour les toaster.
5. Pendant ce temps, faites fondre le reste de beurre dans une poêle, cassez les 4 œufs, puis laissez cuire à votre goût. Salez et poivrez. Sortez les muffins du four, posez 1 œuf et ajoutez la roquette sur chaque pain. Refermez délicatement le burger avec le chapeau bien chaud et dégustez immédiatement.

Burgers bœuf au ketchup, triple cheddar

POUR 4 PERSONNES

PRÉPARATION : 20 min • **CUISSON** : 20 min environ

1 laitue • 2 tomates • 4 cornichons à la russe • 8 c. à soupe de ketchup • 700 g de bœuf haché • 2 c. à soupe d'huile d'olive • 4 pains « maxi-burger » • 12 tranches de cheddar • sel et poivre du moulin

1. Préchauffez le four à 180 °C (therm. 6). Lavez, essorez et émincez la salade. Lavez et équeutez les tomates, puis taillez-les en rondelles. Coupez les cornichons en rondelles.
2. Dans un récipient, mélangez 4 cuillerées de ketchup avec le bœuf haché, salez et poivrez. Malaxez et formez quatre gros steaks de taille identique. Chauffez l'huile d'olive dans une poêle et faites cuire les steaks 3 à 5 min de chaque côté : ils doivent être saignants.
3. Coupez les pains en deux. Badigeonnez les fonds du reste de ketchup, ajoutez les steaks et recouvrez-les de 3 tranches de cheddar. Enfournez les fonds et les chapeaux des burgers pendant 5 min. Le cheddar doit fondre légèrement et le pain doit être toasté.
4. Sortez les burgers du four et garnissez de rondelles de tomate, de salade et de cornichons. Fermez-les avec les chapeaux toastés et pressez légèrement. Dégustez bien chaud avec des frites.

Burgers nuggets, citron confit et mayonnaise

POUR 4 PERSONNES

PRÉPARATION : 20 min • **CUISSON** : 20 min

12 nuggets surgelés • 2 citrons confits • 2 c. à soupe de câpres • 6 c. à soupe de mayonnaise • 200 g de roquette • 4 bagels • sel et poivre du moulin

1. Préchauffez le four à 180 °C (therm. 6). Lorsque le four est chaud, enfournez les nuggets surgelés pour 15 min.
2. Prélevez et hachez la peau des citrons confits. Hachez les câpres. Dans un récipient, mélangez le citron et les câpres avec la mayonnaise, salez et poivrez. Lavez et séchez la roquette.
3. Ouvrez les bagels et enfournez-les 5 min. Sortez-les du four et recouvrez les fonds du mélange à la mayonnaise, puis ajoutez la roquette et les nuggets. Refermez les burgers avec les moitiés restantes, pressez un peu et servez aussitôt.

SUGGESTION : Pour un burger plus léger, vous pouvez remplacer les nuggets par des blancs de poulet cuits à l'eau ou à la vapeur.

Burgers bœuf aux olives, tomates séchées et bacon

POUR 4 PERSONNES

PRÉPARATION : 25 min • **CUISSON** : 15 min

50 g d'olives noires dénoyautées • 600 g de bœuf haché • 2 cornichons à la russe • 4 c. à soupe d'huile d'olive • 8 tranches fines de bacon • 4 pains à burger • 2 c. à soupe de sauce tartare • 4 tranches de cheddar • 8 tomates séchées • sel et poivre du moulin

1. Hachez les olives noires. Mélangez-les avec la viande dans un récipient, salez et poivrez. Formez à la main quatre steaks de taille identique.
2. Préchauffez le four à 180 °C (therm. 6). Découpez les cornichons en tranches fines.
3. Faites chauffer l'huile d'olive dans une poêle et faites cuire les steaks 4 min de chaque côté, puis égouttez-les sur du papier absorbant. Saisissez ensuite dans la poêle chaude les tranches de bacon pendant 2 min.
4. Ouvrez les pains, badigeonnez les fonds de sauce tartare. Ajoutez les steaks, recouvrez de cheddar et enfournez les burgers pour 5 min.
5. Lorsque le fromage est bien fondu, retirez les pains du four et garnissez-les de 2 tomates séchées, de 2 tranches de bacon et de cornichons. Servez avec une salade.

Burgers veau, citron et basilic

POUR 4 PERSONNES

PRÉPARATION : 25 min • **CUISSON** : 10 min environ

10 feuilles de basilic • 2 citrons jaunes bio • 1 sachet de parmesan en poudre • 600 g de veau haché • 2 c. à soupe de ketchup • 4 c. à soupe de mayonnaise • 1 oignon rouge • 4 c. à soupe d'huile d'olive • 4 pains à burger • 1 batavia • sel et poivre du moulin

1. Lavez, effeuillez et hachez grossièrement le basilic. Râpez le zeste des citrons. Dans un récipient, mélangez le basilic, le parmesan et les zestes de citron avec le veau haché. Salez, poivrez et malaxez, puis formez quatre steaks réguliers.
2. Préchauffez le four à 180 °C (therm. 6). Mélangez le ketchup et la mayonnaise dans un bol.
3. Épluchez et émincez finement l'oignon 10 min avant de servir. Faites chauffer l'huile d'olive dans une poêle et saisissez-y les steaks pendant 3 à 5 min de chaque côté.
4. Coupez les pains en deux dans l'épaisseur et faites-les chauffer 5 min au four pour les toaster. Lavez, essorez et émincez la salade.
5. Sortez les pains du four et tartinez le fond du mélange mayonnaise et ketchup, puis garnissez-les de salade, du steak bien chaud et des rondelles d'oignons. Ajoutez le chapeau, tassez légèrement et savourez sans attendre.

Burgers agneau, houmous et frites

POUR 4 PERSONNES

PRÉPARATION : 20 min • **CUISSON** : 35 à 40 min environ

12 feuilles de laitue • 1 botte de coriandre fraîche • 200 g de frites surgelées (cuisson au four) • 600 g de filet d'agneau (ou de gigot dégraissé) • 4 c. à soupe d'huile d'olive • 1 c. à soupe de graines de cumin • 1/2 c. à café de harissa • 4 pains à burger • 4 c. à soupe de houmous • sel et poivre du moulin

1. Préchauffez le four à 170 °C (therm. 6-7). Lavez, essorez et émincez la laitue. Lavez et hachez grossièrement la coriandre. Faites cuire les frites au four pendant 25 min.

2. Émincez l'agneau. Faites chauffer l'huile dans une poêle. Lorsqu'elle est fumante, saisissez l'agneau et laissez cuire de 5 à 8 min. Quand la viande est bien dorée, ajoutez les graines de cumin et la harissa. Salez, poivrez, mélangez et stoppez le feu.

3. Coupez les pains en deux. Enfournez-les pendant 5 min. Badigeonnez ensuite les fonds de houmous, répartissez les morceaux d'agneau, la coriandre fraîche, la salade et les frites bien croustillantes.

4. Posez le chapeau des pains, pressez légèrement les burgers et dégustez immédiatement.

Burgers sardines et sauce tartare

POUR 4 PERSONNES

PRÉPARATION : 20 min • **CUISSON :** 15 min

2 sucrines (ou laitues) • 1 botte d'estragon • 1 c. à soupe de câpres • 4 cornichons • 6 c. à soupe de mayonnaise • 4 c. à soupe d'huile d'olive • 4 petites sardines fraîches levées en filet (ou surgelées) • 4 pains muffin • 4 tranches de cheddar

1. Lavez et essorez la sucrine. Préchauffez le four à 180 °C (therm. 6).
2. Lavez et hachez l'estragon. Hachez les câpres et les cornichons. Dans un bol, mélangez l'estragon, les câpres et les cornichons avec la mayonnaise.
3. Faites chauffer l'huile d'olive dans une poêle et saisissez les sardines 5 min de chaque côté.
4. Ouvrez les pains et badigeonnez les fonds de sauce tartare à l'estragon. Enlevez les arêtes des sardines puis posez-les sur les fonds, recouvrez de cheddar et enfournez les fonds avec les demi-pains restants pour 5 min, jusqu'à ce que le fromage soit fondu et le pain croustillant.
5. Sortez-les du four et répartissez la salade. Refermez avec les chapeaux et écrasez légèrement.

Burgers avocat, chèvre, poire et sauce curry

POUR 4 PERSONNES

PRÉPARATION : 20 min • **CUISSON** : 5 à 8 min

2 sucrines (ou laitues) • 4 c. à soupe de mayonnaise • 2 c. à soupe de curry • 4 avocats • 2 poires • 2 crottins de Chavignol • 4 pains à burger • sel et poivre du moulin

1. Émincez et lavez la sucrine. Mélangez la mayonnaise avec le curry dans un bol. Salez et poivrez. Épluchez, puis coupez les avocats et les poires en lamelles. Découpez le chèvre en tranches.
2. Préchauffez le four à 180 °C (therm. 6).
3. Ouvrez les pains, tartinez les fonds avec la mayonnaise au curry. Ajoutez les lamelles de poires, puis les tranches de chèvre. Enfournez pendant 5 à 8 min, jusqu'à ce que le chèvre soit fondu.
4. Sortez les burgers du four, ajoutez la salade et les tranches d'avocat. Fermez-les, tassez légèrement et servez aussitôt.

Burgers poivrons rôtis, aubergine et feta

POUR 4 PERSONNES

PRÉPARATION : 25 min • **CUISSON** : 10 min

2 poivrons • 2 courgettes • 1 aubergine • 7 c. à soupe d'huile d'olive • 150 g de feta • 4 pains ronds à l'huile d'olive • 1 c. à soupe d'herbes de Provence séchées • sel et poivre du moulin

1. Préchauffez le four à 180 °C (therm. 6). Lavez les poivrons, les courgettes et l'aubergine, équeutez-les et taillez-les en tranches fines.
2. Faites chauffer une poêle avec 5 cuillerées d'huile d'olive et saisissez les légumes, laissez-les cuire à feu doux pendant 5 min, jusqu'à ce qu'ils soient bien colorés. Salez, poivrez et réservez au chaud.
3. Découpez la feta en quatre morceaux. Ouvrez les pains en deux, assaisonnez les fonds avec le reste d'huile d'olive et les herbes de Provence. Déposez les lamelles de légumes et la feta, refermez les burgers.
4. Enfournez-les 5 min avant de déguster.

Mini-tartines merguez, abricots secs et roquette

POUR 4 À 6 PERSONNES

PRÉPARATION : 15 min • **CUISSON :** 10 min

15 abricots secs • 4 citrons confits • 1 branche de romarin frais • 8 merguez • 2 c. à soupe d'huile d'olive • 30 petites tranches de baguette de campagne

1. Préchauffez le four à 180 °C (therm. 6).
2. Hachez les abricots secs. Détachez la peau des citrons confits et hachez-la. Effeuillez la branche de romarin et hachez celui-ci finement. Ouvrez les merguez, retirez la chair et mélangez-la dans un saladier avec les abricots secs hachés, le romarin, l'huile d'olive et la peau des citrons confits. Mélangez bien.
3. Disposez les petites tranches de baguette sur une plaque de four, répartissez par-dessus la farce à la merguez. Enfournez pour 10 min. Quand le pain est bien doré et que la farce est cuite, laissez tiédir et servez les mini-tartines à l'apéritif.

Tartines chorizo, fondue de poivrons et parmesan

POUR 4 PERSONNES

PRÉPARATION : 25 min • **CUISSON :** 25 min

3 gros oignons rouges • 4 gousses d'ail rose • 2 poivrons jaunes • 2 poivrons verts • 2 poivrons rouges • 8 c. à soupe d'huile d'olive • 80 g de parmesan en morceaux • 12 tranches de pain de campagne de taille moyenne • 12 grandes tranches fines de chorizo • 2 c. à soupe d'herbes de Provence séchées • sel et poivre du moulin

1. Préchauffez le four à 180 °C (therm. 6).
2. Épluchez et émincez les oignons et les gousses d'ail. Lavez et équeutez les poivrons, ouvrez-les en deux pour enlever les graines, puis émincez-les.
3. Chauffez la moitié de l'huile d'olive dans une petite poêle. Saisissez les oignons et les poivrons dans l'huile fumante. Ajoutez l'ail haché, salez, poivrez, mélangez et laissez cuire 15 min à feu doux en remuant de temps en temps.
4. Découpez le parmesan en fins copeaux. Déposez les tranches de pain sur une grande plaque de cuisson, badigeonnez-les du reste d'huile d'olive, salez et poivrez. Posez une tranche de chorizo sur chacune et recouvrez-les de poivrons et de parmesan. Parsemez d'herbes de Provence.
5. Enfournez les tartines pour 10 min. Lorsque le parmesan est fondu, dégustez bien chaud sur une salade en entrée.

Tartines tomates cerises, mozzarella et basilic

POUR 4 PERSONNES

PRÉPARATION : 10 min • **CUISSON** : 10 min

2 boules de mozzarella (ou 40 mini-boules de mozzarella) • 24 tomates cerises • 1/2 botte de basilic frais • 4 tranches de pain Poilâne • 4 c. à soupe d'huile d'olive • sel et poivre du moulin

1. Préchauffez le four à 180 °C (therm. 6).
2. Découpez chaque boule de mozzarella en quatre tranches épaisses, sauf si vous utilisez des mini-mozzarellas. Lavez les tomates cerises, équeutez-les, puis taillez-les en deux. Lavez le basilic frais, effeuillez-le et hachez-le grossièrement.
3. Posez 2 tranches de mozzarella ou 10 mini-boules par tranche de pain, parsemez de basilic haché, ajoutez les demi-tomates cerises. Salez, poivrez et arrosez d'huile d'olive.
4. Enfournez les tartines sur une plaque de cuisson pendant 10 min. Quand le fromage est fondu et légèrement croustillant, sortez les tartines du four et dégustez-les chaudes avec une salade.

ASTUCE : Quand ce n'est pas la saison du basilic, une bonne solution consiste à en acheter du surgelé.

Tartines chèvre, courgette et menthe

POUR 4 PERSONNES

PRÉPARATION : 20 min • **CUISSON :** 10 à 12 min

1 botte de menthe fraîche • 8 c. à soupe d'huile d'olive • 1 petite courgette • 2 fromages de chèvre sainte-maure (pas trop faits) • 1 baguette • 1/2 c. à soupe de fleur de thym séché • sel et poivre du moulin

1. Préchauffez le four à 200 °C (therm. 6-7).
2. Lavez la menthe, effeuillez-la et hachez-la grossièrement. Mélangez-la à la moitié de l'huile d'olive dans un bol et réservez à température ambiante.
3. Lavez la courgette puis coupez-la en très fines rondelles à l'aide d'un grand couteau bien aiguisé. Découpez les fromages de chèvre en rondelles.
4. Taillez la baguette en quatre, puis découpez les morceaux dans la longueur pour obtenir des longues tranches. Salez et poivrez les tartines, disposez les courgettes et le chèvre sur toute la surface du pain. Salez et poivrez, saupoudrez de thym séché, arrosez avec le reste d'huile d'olive.
5. Disposez les tartines sur une plaque de four et enfournez pour 10 à 12 min. Lorsque le fromage est fondu et légèrement coloré et que les courgettes sont croquantes, sortez les tartines du four. Répartissez la menthe par-dessus et dégustez-les bien chaudes avec une salade verte.

Tartines reblochon, oignons et lardons

POUR 4 PERSONNES

PRÉPARATION : 10 min • **CUISSON :** 15 à 20 min environ

3 gros oignons • 4 tranches épaisses de lard fumé • 1 reblochon • 60 g de beurre • 1 c. à soupe d'huile de tournesol • 4 tranches de pain Poilâne • sel et poivre du moulin

1. Préchauffez le four à 170 °C (therm. 5-6).
2. Épluchez les oignons et émincez-les. Retirez la peau et les parties croquantes du lard, puis découpez les tranches en lardons. Grattez légèrement la peau du reblochon avec la pointe d'un couteau et découpez-le en tranches.
3. Faites fondre le beurre et l'huile dans une grande poêle. Saisissez les oignons émincés et les lardons dans la poêle chaude. Laissez roussir 5 ou 6 min en remuant.
4. Répartissez le fromage sur les tranches de pain posées sur une plaque de cuisson. Recouvrez chaque tartine d'une couche de fondue d'oignons aux lardons. Salez et poivrez.
5. Enfournez les tartines pour 10 à 15 min. Quand le reblochon est fondu et commence à bien dorer, sortez les tartines du four. Servez-les bien chaudes accompagnées d'une salade de pousses d'épinards ou de cœur de laitue.

VARIANTE : Vous pouvez remplacer le reblochon par du fromage à raclette ou du vacherin : effet « montagne » garanti.

Croque-madame tomate et basilic

POUR 4 PERSONNES

PRÉPARATION : 10 min • **CUISSON :** 20 min environ

1 botte de basilic • 2 grosses tomates • 200 g de fromage râpé • 20 cl de crème liquide • 8 tranches de pain de mie • 4 tranches de jambon de Paris • 50 g de beurre • 4 œufs • sel et poivre du moulin

1. Préchauffez le four à 180 °C (therm. 6).
2. Lavez et effeuillez le basilic, puis hachez-le grossièrement. Lavez et équeutez les tomates puis taillez-les en tranches fines. Dans un bol, mélangez le fromage râpé avec la crème.
3. Déposez 4 tranches de pain sur une grande plaque de four (ou dans la lèchefrite). Recouvrez chaque tranche de pain d'une tranche de jambon pliée en deux et de 3 tranches de tomate. Saupoudrez de basilic haché, ajoutez un peu de fromage râpé à la crème, salez et poivrez.
4. Recouvrez d'une tranche de pain pour former quatre sandwichs. Terminez par une couche de fromage râpé à la crème et enfournez pour 15 min. Quand les croques sont bien gratinés, sortez-les du four et réservez-les au chaud.
5. Dans une poêle, faites fondre le beurre, cassez les 4 œufs, puis laissez cuire à votre goût. Détachez les œufs un par un et posez-les sur le dessus des croques. Dégustez bien chaud avec une salade.

Croques jambon, roquefort et noix

POUR 4 PERSONNES

PRÉPARATION : 5 min • **CUISSON :** 10 min

100 g de beurre mou • 150 g de roquefort • 10 cerneaux de noix • 8 tranches de brioche • 4 tranches de jambon de Paris

1. Dans un bol, mélangez 60 g de beurre avec le roquefort, écrasez bien le tout avec une fourchette. Concassez les cerneaux de noix dans un mortier. Mélangez le beurre de roquefort avec les noix hachées.
2. Beurrez d'un seul côté les 8 tranches de brioche. Déposez une tranche de jambon pliée en deux sur les faces non beurrées de 4 tranches de brioche. Répartissez le beurre de roquefort aux noix sur le jambon. Refermez les croques avec une deuxième tranche de brioche, le côté beurré à l'extérieur.
3. Chauffez l'appareil à croque-monsieur. Déposez les croques deux par deux dedans, refermez l'appareil et laissez cuire pendant 5 min (ou 5 bonnes minutes au four à 180 °C). Quand les croques sont bien dorés, recommencez l'opération avec les deux autres.
4. Dégustez les croques bien chauds et croustillants accompagnés d'une salade frisée assaisonnée d'huile de noix.

Croques champignons, bacon et estragon

POUR 4 PERSONNES

PRÉPARATION : 25 min • **CUISSON** : 20 min environ

4 branches d'estragon • 300 g de champignons de Paris • 8 très fines tranches de bacon • 1 c. à soupe d'huile • 150 g de fromage râpé • 10 cl de crème liquide • 50 g de beurre mou • 8 tranches de pain de mie

1. Lavez et effeuillez les branches d'estragon. Lavez et émincez les champignons de Paris. Saisissez le bacon dans une grande poêle antiadhésive, sans matière grasse, et laissez-le dorer 2 min. Retirez le bacon de la poêle, ajoutez l'huile, et saisissez les champignons émincés. Laissez cuire pendant 10 min, en remuant régulièrement.
2. Dans un bol, mélangez le fromage râpé à la crème liquide. Beurrez légèrement les tranches de pain d'un seul côté. Déposez 4 tranches de pain sur une assiette (le côté beurré vers l'assiette). Répartissez le bacon, les champignons et le fromage râpé à la crème dessus. Refermez les croques avec une tranche de pain, côté beurré vers l'extérieur.
3. Chauffez l'appareil à croque-monsieur. Déposez les croques deux par deux dedans, fermez l'appareil, et faites-les cuire pendant 5 min (ou 5 bonnes minutes au four à 180 °C). Lorsque les croques sont bien dorés, recommencez l'opération avec les deux autres.

Croques chèvre, asperges et tomates séchées

POUR 4 PERSONNES

PRÉPARATION : 35 min • **CUISSON** : 20 min environ

400 g de fromage râpé • 40 cl de crème liquide • 2 crottins de Chavignol • 40 petites pointes d'asperge verte • 12 tomates séchées à l'huile • 8 tranches de pain de mie • 4 c. à soupe d'huile d'olive

1. Préchauffez le four à 180 °C (therm. 6). Mélangez le fromage râpé avec la crème liquide dans un bol. Hachez grossièrement les crottins de Chavignol. Mettez les pointes d'asperge à cuire quelques minutes dans une casserole d'eau bouillante salée. Égouttez-les (elles doivent être légèrement croquantes), rafraîchissez-les sous l'eau froide puis épongez-les. Taillez les tomates séchées en morceaux.
2. Déposez 4 tranches de pain de mie dans un grand plat allant au four. Répartissez la moitié du fromage râpé à la crème sur chaque tranche de pain, répartissez équitablement les pointes d'asperge, le crottin en morceaux et les tomates séchées. Arrosez d'huile d'olive et recouvrez d'une tranche de pain de mie, tassez et étalez le reste du fromage à la crème sur le dessus des croque-monsieur.
3. Enfournez de 15 à 20 min. Lorsque les croques sont dorés sur le dessus et moelleux à l'intérieur, sortez-les du four et dégustez-les chauds accompagnés d'une salade.

Croques crevettes, mozzarella, curry et coriandre

POUR 4 PERSONNES

PRÉPARATION : 25 min • **CUISSON** : 10 min

1 botte de coriandre fraîche • 24 crevettes roses • 100 g de fromage râpé • 5 cl de crème liquide • 2 c. à soupe de curry • 1 boule de mozzarella • 4 petits pains au lait (ou pains à hot dog, ou pains à panini) • sel et poivre du moulin

1. Préchauffez le four à 180 °C (therm. 6).
2. Lavez la coriandre, effeuillez-la et hachez-la. Décortiquez les crevettes roses. Mélangez le fromage râpé avec la crème liquide dans un bol, ajoutez la coriandre hachée et le curry, salez et poivrez. Taillez la mozzarella en huit tranches fines.
3. Ouvrez les petits pains en deux, garnissez-les de mélange de fromage râpé à la crème. Ajoutez 6 crevettes et 2 tranches de mozzarella par croque. Fermez les croques en pressant un peu. Disposez-les dans un plat allant au four.
4. Enfournez les croques pour 10 min. Lorsqu'ils sont dorés à l'extérieur et moelleux à l'intérieur, sortez-les du four et dégustez-les chauds avec une salade de pousses de soja.

Variante : À la place des crevettes, choisissez, selon vos envies, du surimi ou de la chair de crabe.

Paninis poulet au pesto, roquette et mozzarella

POUR 4 PERSONNES

PRÉPARATION : 10 min • **CUISSON :** 6 à 8 min

12 tomates cerises • 30 g de roquette • 4 boules de mozzarella • 2 blancs de poulet cuits • 4 pains à panini • 2 c. à soupe de pesto • 4 c. à soupe d'huile d'olive • sel et poivre du moulin

1. Préchauffez la machine à panini.
2. Lavez les tomates, équeutez-les puis découpez-les en tranches épaisses. Lavez la roquette et hachez-la grossièrement. Taillez chaque boule de mozzarella en six tranches. Émincez les blancs de poulet.
3. Ouvrez les pains à panini. Badigeonnez l'intérieur de pesto et répartissez-y les rondelles de tomate et de mozzarella. Ajoutez le poulet émincé et la roquette. Salez, poivrez et assaisonnez d'huile d'olive. Refermez les paninis.
4. Mettez les paninis à chauffer de 6 à 8 min, en les pressant dans la machine (ou faites les cuire 15 min au four à 170 °C). Lorsque le pain est doré et croustillant et le fromage fondu, retirez les paninis et dégustez-les bien chauds.

Suggestion : Si vos blancs de poulet ne sont pas déjà cuits, faites-les cuire à la vapeur ou dans de l'eau bouillante.

Paninis légumes grillés et mozzarella fondante

POUR 4 PERSONNES

PRÉPARATION : 15 min • **CUISSON :** 40 min environ

3 poivrons • 2 courgettes • 2 aubergines • 6 c. à soupe d'huile d'olive • 3 branches de basilic • 3 boules de mozzarella • 4 pains à panini • sel et poivre du moulin

1. Préchauffez le four à 170 °C (therm. 5-6). Lavez et équeutez les légumes, puis taillez-les en tranches fines. Étalez-les dans deux grands plats à gratin, salez et poivrez, puis arrosez d'huile d'olive. Enfournez les légumes pendant 30 min. Laissez-les colorer en les surveillant bien pour qu'ils ne brûlent pas. Gardez l'huile de cuisson.

2. Préchauffez la machine à panini. Lavez le basilic, effeuillez-le et hachez-le. Coupez chaque boule de mozzarella en six tranches.

3. Ouvrez les pains sur toute la longueur sans les détacher, arrosez l'intérieur avec un peu d'huile de cuisson des légumes. Répartissez les légumes et la mozzarella dans les paninis. Salez et poivrez puis ajoutez le basilic et un filet d'huile d'olive. Fermez en pressant légèrement.

4. Faites cuire les paninis de 6 à 8 min dans la machine à panini (ou au four pendant 10 min à 170 °C), jusqu'à ce que le pain soit doré et la mozzarella fondante. Servez les paninis bien chauds.

Pitas agneau et crème d'avocat

POUR 4 PERSONNES

PRÉPARATION : 25 min • **CUISSON :** 5 min environ

8 côtelettes d'agneau désossées et dégraissées (ou 4 tranches de gigot dégraissé) • 1 botte de coriandre fraîche • 1 gros oignon blanc • 3 gousses d'ail • 4 c. à soupe d'huile d'olive • 1 c. à soupe de curry en poudre • 4 pains pita • 150 g de guacamole • sel et poivre de moulin

1. Découpez l'agneau en petits morceaux. Lavez la coriandre et hachez-la. Épluchez l'oignon et émincez-le. Épluchez l'ail et hachez-le.

2. Faites chauffer l'huile d'olive dans une grande poêle. Saisissez l'oignon et l'ail dans l'huile chaude. Laissez roussir quelques minutes puis ajoutez les morceaux de viande. Laissez colorer et cuire de 4 à 6 min à feu vif. Arrêtez le feu, salez, poivrez, ajoutez le curry et mélangez.

3. Chauffez les pains pita pendant 30 s au micro-ondes. Ouvrez-les en deux, garnissez-les de guacamole, de coriandre hachée, de viande et d'oignons. Dégustez bien chaud avant que les pitas ne durcissent.

Hot dog « original »

POUR 4 PERSONNES

PRÉPARATION : 5 min • **CUISSON** : 10 min environ

4 saucisses de Francfort • 400 g de choucroute cuite• 4 pains à hot dog • 1 c. à soupe de moutarde de Dijon (ou de ketchup)

1. Préchauffez le four à 180 °C (therm. 6).
2. Piquez les saucisses de Francfort avec une fourchette et faites-les cuire 5 ou 6 min dans une casserole d'eau bouillante. Réchauffez la choucroute au micro-ondes.
3. Allumez le gril du four. Ouvrez les pains à hot dog sans les détacher complètement. Toastez-les quelques minutes sous le gril du four.
4. Sortez les pains du four et tartinez l'intérieur avec de la moutarde (ou du ketchup), ajoutez les saucisses, la choucroute et dégustez immédiatement.

Variante : Vous pouvez remplacer la choucroute par de la sauce bolognaise ou du chili con carne.

Bagels saumon fumé et pomme

POUR 4 PERSONNES

PRÉPARATION : 10 min • **CUISSON :** 10 min

1 pomme verte • 4 bagels • 4 portions de fromage frais (type Kiri) • 4 tranches de saumon fumé • sel et poivre du moulin

1. Préchauffez le four à 180 °C (therm. 6). Lavez la pomme verte, videz-la et découpez-la en tranches très fines.
2. Coupez les bagels en deux dans l'épaisseur. Tartinez les demi-bagels de fromage frais, puis garnissez-les de tranches de saumon fumé et de pomme verte. Salez, poivrez, refermez, puis déposez les bagels dans un grand plat à gratin.
3. Enfournez les bagels pour 10 min. Lorsque le pain est légèrement doré, sortez les bagels du four et dégustez-les immédiatement avec une salade de pousses d'épinards.

TABLE DES ÉQUIVALENCES FRANCE – CANADA

Poids	55 g	100 g	150 g	200 g	250 g	300 g	500 g	750 g	1 kg
	2 onces	3,5 onces	5 onces	7 onces	9 onces	11 onces	18 onces	27 onces	36 onces

Ces équivalences permettent de calculer le poids à quelques grammes près (en réalité, 1 once = 28 g).

Capacités	5 cl	10 cl	15 cl	20 cl	25 cl	50 cl	75 cl
	2 onces	3,5 onces	5 onces	7 onces	9 onces	17 onces	26 onces

Pour faciliter la mesure des capacités, une tasse équivaut ici à 25 cl (en réalité, 1 tasse = 8 onces = 23 cl).

Photogravure Turquoise, Émerainville
Imprimé en Italie par LEGO Spa, Vicenza
Dépôt légal : septembre 2012
309270/01 - 11019235 - août 2012